―ササッとできて、美味しい!―
手早く作れる献立レシピ

はじめに

　グルメもいいけれど、作って美味しく食べたい……。女性男性問わず、若い世代の方々にもこんな志向が高まっているのではないでしょうか。この傾向には、人気タレントが登場するテレビの料理番組も一役買っているかも知れません。

　確かに料理は楽しいものです。いろいろ創意工夫ができますし、ましてや作った料理を身近で食べてくれる人がいると、その喜びはさらに大きいといえるでしょう。しかし、料理に限らず何事もそうですが、基本ができていないとつい億劫になったり、余計時間がかかったりしてしまいます。

　そこで、忙しくても、手づくりで美味しいものを食べたい、できるだけ手早く作れてバランスのいい食事をしたいと考えていらっしゃる方のために、まず一週間の献立をご提案してみました。そのメニューを基本とし、その上でさまざまなスピードクッキングを試していただけるようなレシピを心がけました。

　レシピの中には、もっとスピードアップできるものもありますが、あえて手順を説明したものもあります。たとえば、だしのとり方もその一つです。今はいい調味料がいっぱいありますから、だしの素を使えば、その部分はもっと時間短縮ができます。ただ、早いといっても、食事は私たちの健康を支える基本ですので、体に優しいお料理というのも大切にしたいと思います。

　一緒に食べる人の笑顔が待っています。手早く、美味しいお料理作りにお役に立てば幸いです。

目　次

第1章／1週間の健康レシピ

月曜日
朝食（オープンサンドほか）── 6
昼食（づけ丼ほか）── 7
夕食（豚肉の紙包み焼きほか）── 8

火曜日
朝食（焼き魚ほか）── 10
昼食（弁当・いなり寿司ほか）── 12
夕食（骨付き鶏肉のトマト煮ほか）── 14

水曜日
朝食（カラフル野菜の巣ごもり卵ほか）── 17
昼食（ジャーマンドッグほか）── 18
夕食（えび団子の白菜煮ほか）── 20

木曜日
朝食（フルーツ入りシリアルほか）── 22
昼食（明太子スパゲッティーほか）── 23
夕食（鶏むね肉の南蛮漬け風ほか）── 24

金曜日
朝食（アジの干物ほか）── 28
昼食（弁当・肉巻き豆ご飯ほか）── 30
夕食（野菜のオイスターソース炒めほか）── 32

土曜日
朝食（中華粥ほか）── 34
昼食（焼きうどんほか）── 37
夕食（鯛とホタテのカルパッチョ風ほか）── 38

日曜日
ブランチ（フレンチトーストほか）── 42
間食（簡単アップルパイほか）── 43
夕食（かきの昆布蒸しほか）── 44

第2章／こんな時こそスピードアップ！

時間節約のための常備菜 ── 48
急なお客様にもささっと出せる
　　クイックおもてなし料理 ── 54
　和風のおもてなし／54
　洋風のおもてなし／58
　中華のおもてなし／62
　イタリアンのおもてなし／66
　松花堂弁当でおもてなし／70

慌ただしい朝もササッと作れるスピード弁当 ── 74
　ロールサンド弁当／74
　照り焼き弁当／76
　オムパスタ弁当／78

応用自在のスピードメニュー ── 80
　1　ドライカレー／80
　2　常備菜活用クッキング／82
　3　フライパンひとつで作る／84
　4　冷凍食品や缶詰を使って／88
　5　電子レンジを使いこなして／91

●おわりに… ── 94

第1章
1週間の健康レシピ
スピードメニューで栄養もばっちり！

月曜・朝食
オープンサンド
フルーツ
カフェオレ

カロリー：456kcal
調理時間：5〜10分

火曜・朝食
焼き魚
青菜となめ茸の和え物
みそ汁
ご飯

カロリー：358kcal
調理時間：15〜20分
(昼食の弁当と合わせて)

水曜・朝食
カラフル野菜の巣ごもり卵
イタリアンサラダ
パン
コーヒー

カロリー：415kcal
調理時間：5分

木曜・朝食
フルーツ入りシリアル
プチトマトとセロリの
　　　　　　マリネ
ナッツ盛り合わせ

カロリー：404kcal
調理時間：5分

月曜・昼食
づけ丼
豆腐と野菜のサラダ
清し汁

カロリー：382kcal
調理時間：10分

火曜・昼食
(弁当)
いなり寿司
かぼちゃのチーズ焼き
ピーマンとじゃこの炒め煮
卵焼き
フルーツ

カロリー：357kcal

水曜・昼食
ジャーマンドッグ
野菜のオリーブ油
　　アンチョビーソース
クラムチャウダー
オレンジのマーマレードソース

カロリー：954kcal
調理時間：20〜25分

水曜・昼食
明太子スパゲッティー
いろいろ野菜の
　　ふりかけサラダ

カロリー：462kcal
調理時間：10分

月曜・夕食
豚肉の紙包み焼き
袋煮
春雨と野菜のピリ辛和え
ご飯

カロリー：780kcal
調理時間：25〜30分

火曜・夕食
骨付き鶏肉のトマト煮
ゆで野菜のパスタ
タコとクレソンの
　　ポテトチップサラダ
アイスクリーム

カロリー：1163kcal
調理時間：20〜25分

水曜・夕食
えび団子の白菜煮
よくばり春巻き
なすの甘みそ和え
ご飯

カロリー：601kcal
調理時間：20〜25分

水曜・夕食
鶏むね肉の南蛮漬け風
りんごの白和え
さつま芋のはちみつ煮
カニみそ汁
豆ご飯

カロリー：685kcal
調理時間：30分

◆スープ、だし汁について
市販のブイヨン、鶏ガラスープ、だしの素を使用する時は、2カップの水に小さじ1
（またはキューブ1個4g）を溶いたものを使用しています。

◆一食分のカロリー
レシピのない主食については、パン、ご飯ともに一食分160kcalで計算しています。

一週間の献立表

金曜・朝食
アジの干物
炒り豆腐
かぶのゆかり漬け
みそ汁
ご飯

カロリー：444kcal
調理時間：20分
（昼食の弁当と合わせて）

土曜・朝食
中華粥
揚げ卵
長芋ときゅうりと
　ザーサイの和え物

カロリー：351kcal
調理時間：20分

日曜・ブランチ
フレンチトースト
キャロットと
　プルーンのサラダ
具だくさんスープ

カロリー：632kcal
調理時間：20分

金曜・昼食
（弁当）
肉巻き豆ご飯
いんげんとにんじんの
　　　　磯辺和え
竹輪ときゅうりの
　　　巻き巻き
さつま芋の茶巾絞り

カロリー：674kcal

土曜・昼食
焼きうどん
フルーツのヨーグルト和え

カロリー：499kcal
調理時間：10分

日曜・間食
簡単アップルパイ
ミルクティー

カロリー：295kcal
調理時間：10分

金曜・夕食
野菜のオイスターソース炒め
チーズ入り揚げワンタン
きのこの中華スープ
ツナとしょうがの
　　　炊きおこわ

カロリー：727kcal
調理時間：25〜30分

土曜・夕食
鯛とホタテのカルパッチョ風
ポトフ
キウイのミント風味
　　　シロップ漬け
フランスパン

カロリー：713kcal
調理時間：20分

日曜・夕食
かきの昆布蒸し
筑前煮
なめことアスパラの梅風味
清し汁
ご飯

カロリー：571kcal
調理時間：25〜30分

月曜日 朝食

オーブントースターでパンを焼いている間に野菜や果物、牛乳を準備しておきましょう。日曜日の夕食時に野菜と果物を洗って、袋や容器に入れておくと、もっと簡単！

- オープンサンド
- フルーツ
- カフェオレ

オープンサンド

【材料 2人分】
食パン　2枚
ベーコン　2枚（半切り）
オリーブ油　大さじ1
グリーンカール　2枚
トマト　1/2個（薄切り）
粉チーズ　小さじ2
いちご　6個
キウイフルーツ　1個
ラムレーズン　大さじ1

【作り方】
① 食パンにオリーブ油を塗って、ベーコンをのせ、オーブントースターで焼く。
② グリーンカールとトマトをのせ、粉チーズをふりかける。
③ フルーツと一緒に盛り合わせる。

月曜日 昼食

ごまペーストとしょうゆ、酢を合わせたドレッシングはまとめて作っておくと便利です。冷蔵庫で2〜3週間は保存できます。

づけ丼
豆腐と野菜のサラダ
清し汁

づけ丼

【材料　2人分】
ご飯　2杯分
まぐろ　1さく（薄切り）
大葉　5枚（せん切り）
のり　1/2枚（細切り）
しょうゆ　1/4カップ
みりん　大さじ2
わさび　少々

【作り方】
① しょうゆとみりんを合わせ、まぐろを漬けておく。
② 丼にご飯を入れ、のり、まぐろ、わさび、大葉をのせる。

豆腐と野菜のサラダ

【材料　2人分】
豆腐　1/2丁（一口大）
レタス　2〜3枚（一口大）
きゅうり　1/2本（一口大）
トマト　1/4個（一口大）
わかめ　30g（3cm長さ）
A ┌ ごまペースト　小さじ1
　├ しょうゆ　大さじ1
　└ 酢　小さじ2

【作り方】
① Aの材料を合わせてごまドレッシングを作る。
② 豆腐と野菜を器に盛り、ドレッシングをかける。

清し汁

【材料　2人分】
梅昆布茶　5g
かまぼこ　1/4本
三つ葉　適量

【作り方】
① お椀に梅昆布茶、かまぼこを入れ、熱湯1 1/2カップを注ぎ、三つ葉を入れる。

スピードクッキングに役立つ食材

梅昆布茶の代わりに昆布茶でも美味しく仕上がります。昆布だし代わりとして、炊き込みご飯や鍋物にも活用できます。

月曜日 夕食

袋煮を煮る時、油揚げをまとめて煮て、翌日のお弁当に活用します。きつねうどんやちょっとした煮物の具にも使えて便利です。小松菜も一束ゆでてしまいましょう。翌日の朝食やお弁当に活用できます。

豚肉の紙包み焼き
袋煮
春雨と野菜のピリ辛和え
ご飯

手順のヒント
① 袋煮を煮込む。
② 春雨、キャベツ、にんじんをゆでる。
③ 紙包み焼きをオーブントースターに入れる。
④ ピリ辛和えを仕上げる。

袋煮

【材料 2人分】
油揚げ 2枚（湯通しして半分に切る）
えび 60g（背わたを取り、殻をむく）
レンコン 200g（すりおろし）
卵 1個
だし汁 1カップ
しょうゆ 大さじ2
砂糖 大さじ1
みりん 大さじ1
小松菜 70g

【作り方】
① レンコンとえび、卵を混ぜて油揚げに入れ、楊枝で口を止める（写真）。
② 鍋にだし汁と①を入れて少し煮て、調味料を加え煮含める。
③ 器に盛り、ゆでた小松菜を添える。

豚肉の紙包み焼き

【材料 2人分】
豚肩ロース 2枚（4〜5切れに切る）
塩・こしょう 少々
しめじ 1/2パック（一口大）
長ねぎ 1/2本（斜め薄切り）
生しいたけ 2枚（一口大）
三つ葉 少々
A［味噌 大さじ1
　 マヨネーズ 大さじ2

【作り方】
① オーブンペーパーにかるく塩・こしょうした豚肉と野菜をのせる。
② Aの材料を合わせて①にのせる（写真）。ペーパーで包み込んでオーブントースターに入れ、8〜10分焼く。
③ 皿に盛り、三つ葉をのせていただく。

春雨と野菜のピリ辛和え

【材料 2人分】
春雨 20g（1/3にカット）
キャベツ 2枚（一口大）
にんじん 20g（一口大）
サラダ菜 3〜4枚（一口大）
ミニトマト 3個
レモン汁 大さじ1
薄口しょうゆ 大さじ1
タバスコ 少々

【作り方】
① 鍋に湯を沸かして、ハサミでカットした春雨とキャベツ、にんじんを順に入れてゆでる。
② ボールに①を入れ調味料を加えて混ぜ、サラダ菜、ミニトマトと盛り合わせる。

火曜日　朝食

和え物のほうれん草の代わりに前日の小松菜を使うとさらにスピードアップ！
鮭は夜のうちに漬けておくと、ちょうど良い味に仕上がります。

- 焼き魚
- 青菜となめ茸の和え物
- みそ汁
- ご飯

焼き魚

【材料　2人分】
鮭　2切れ
塩　少々
みそ　80g
酒　大さじ2
大根おろし　適量

【作り方】①②は、前日の晩に行ないます。
① 鮭に塩をふり、10分程度おいて水気をふきとり、ペーパータオルに包む。
② みそと酒をよく練り合わせて①を包み込むように漬けておく（写真a）。
③ ペーパータオルを外して焼く。
④ 大根おろしを添える。

みそ汁

【材料　2人分】
わかめ（戻したもの）　30g（2～3cmに切る）
麩　10g
長ねぎ　5cm（小口切り）
みそ　大さじ1 1/2
だし汁　1 1/2カップ

【作り方】
① だし汁を沸かして麩を入れ、わかめ、みそを加えて最後に長ねぎを入れる。

青菜となめ茸の和え物

【材料　2人分】
ほうれん草　1/2束（3～4cmに切る）
なめ茸（瓶詰）　1/2瓶（40g）
しょうゆ　少々

【作り方】
① ほうれん草を袋に入れて電子レンジで1分30秒～2分加熱する（写真b）。
② 水にとって絞り、なめ茸で和える。好みでしょうゆを振る。

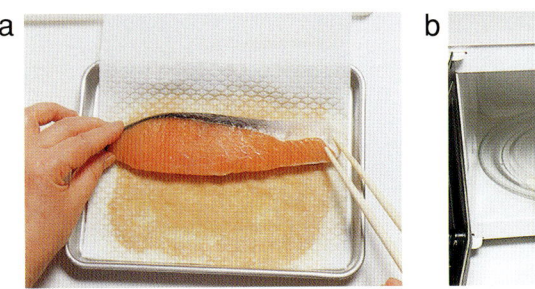
a

b

11

火曜日 昼食

ピーマンとじゃこの炒め煮は、多めに作って常備しておくと便利。ピーマン以外に青菜やいんげんも合います。毎日食べたい一品です。

（弁当）
いなり寿司
かぼちゃのチーズ焼き
ピーマンとじゃこの炒め煮
卵焼き
フルーツ

いなり寿司

【材料　2人分】
油揚げ　3枚
ご飯　2杯分
A ┌ 酢　大さじ1 1/3
　├ 砂糖　大さじ1
　└ 塩　小さじ1/2弱
甘酢しょうが　20g
青のり　小さじ2
炒り白ごま　小さじ2

【作り方】①は前日の晩に行ないます。
① 油揚げは袋煮と一緒に煮て、袋煮を器に盛った後、砂糖としょうゆ少々を足して、ひと煮立ちさせ煮汁に漬けておく。
② ご飯にAを合わせ寿司飯を作る。
③ 寿司飯に甘酢しょうがのみじん切り、青のり、ひねったごま（写真a）を入れて混ぜ、油揚げに詰める（写真b）。

a
b

かぼちゃのチーズ焼き

【材料　2人分】
冷凍かぼちゃ　80g
チーズ　20g
塩・こしょう　少々

【作り方】
① アルミホイルにかぼちゃを入れて塩・こしょうし、チーズをかけてラップに包み電子レンジで1分30秒〜2分加熱する（写真c）。

c

ピーマンとじゃこの炒め煮

【材料　2人分】
ピーマン　3個（せん切り）
じゃこ　10g
サラダ油　小さじ1
しょうゆ　小さじ1
七味唐辛子　少々

【作り方】
① フライパンにサラダ油を熱してピーマンを炒め、じゃこを加えてさらに炒めて、しょうゆ、七味唐辛子で調味する。

火曜日 夕食

スパゲッティーの具は冷蔵庫に残っているものを上手に利用しましょう。パスタと一緒に野菜もゆでて調味すれば、大幅な時間短縮になります。トマト系、クリーム系、オイル系などお好みのソースで。

骨付き鶏肉のトマト煮
ゆで野菜のパスタ
タコとクレソンのポテトチップサラダ
アイスクリーム

手順のヒント
① トマト煮を圧力鍋で煮る。
② タコとクレソンを切り、冷やす。
③ 湯を沸かし、スパゲッティーと野菜をゆでる。
④ サラダを仕上げる。

ゆで野菜のパスタ

【材料　2人分】
スパゲッティー　160g
キャベツ　2枚（一口大）
アスパラ　2本（一口大）
にんじん　30g（いちょう切り）
オリーブ油　大さじ2
塩・こしょう　少々

【作り方】
① 鍋に湯を沸かして塩を加えスパゲッティーを入れる。さらににんじんとキャベツ、アスパラを順に加えて、同時にゆで上げる（写真）。
② ボールに移してオリーブ油、塩・こしょうをまぶして調味する。

タコとクレソンのポテトチップサラダ

【材料　2人分】
タコ　120g（小さめの乱切り）
クレソン　1/2束（一口大）
ポテトチップス　30g
A ┌ 酢　大さじ1
　├ サラダ油　大さじ2
　├ 塩　小さじ1/5
　├ しょうゆ　小さじ1/2
　└ 砂糖　少々

【作り方】
① タコとクレソンを合わせてAをかけて、皿に盛り、少し砕いたポテトチップスをかける。

骨付き鶏肉のトマト煮

【材料　2人分】
骨付き鶏もも肉　400g
玉ねぎ　1/2個（スライス）
セロリ　20g（スライス）
にんにく　1/2片（スライス）
赤ワイン　大さじ2
トマト（缶詰）　200g
塩・こしょう　少々
サラダ油　大さじ1

【作り方】
① ブツ切りの鶏肉に塩・こしょうする。
② 圧力鍋にサラダ油、にんにくを入れて熱し、玉ねぎとセロリを炒める。
③ 鶏肉を加えて赤ワインをかけ、トマトを入れて（写真）5分加圧し自然冷却する。

スピードクッキングに役立つ道具

圧力鍋を使いこなすと時間のかかる煮込み料理が短時間で作れ、大変便利です。骨付き肉も加熱と冷却合わせて10分ほどでやわらかくなります。時間があれば圧力を抜いて煮込むと、さらに味に深みが出ます。

水曜日 朝食

市販のイタリアンサラダセットを前日に洗って冷蔵庫に入れておくと、リッチなサラダが簡単に出来上がります。

カラフル野菜の巣ごもり卵
イタリアンサラダ
パン
コーヒー

イタリアンサラダ

【材料　2人分】
イタリアンサラダセット　200g
A ┌ オリーブ油　大さじ2
　├ レモン汁　大さじ1
　└ 塩・こしょう　少々
レモン　2切れ

【作り方】
① イタリアンサラダセットを洗い水気をきってAのドレッシングをかけ、レモンを添える。

カラフル野菜の巣ごもり卵

【材料　2人分】
卵　2個
A ┌ 赤ピーマン・黄ピーマン　各1/4個（細切り）
　├ 緑ピーマン　3個（細切り）
　├ ベーコン　2枚（細切り）
　└ エリンギ　1/2パック（薄切り）
バター　大さじ1
塩　1.5g
こしょう　少々

【作り方】
① 器にAとバターを入れ、電子レンジで1個につき1分加熱する。
② ①の真ん中に卵をのせ、楊枝で黄身に2〜3カ所穴を開け、塩・こしょうして、さらに電子レンジで1個につき1分〜1分20秒加熱する。

水曜日 昼食

お友達を招いて、ゆったりとしたランチを楽しみましょう。ジャーマンドッグや、ドレッシング作りの手間を省いたサラダなど、手早くできるごちそうです。

ジャーマンドッグ
野菜のオリーブ油アンチョビーソース
クラムチャウダー
オレンジのマーマレードソース

ジャーマンドッグ

【材料　2人分】
ドッグパン　4本
ソーセージ　4本
サラダ油　小さじ2
ザワークラウト　適量
ピクルス　適量
粒マスタード　適量

【作り方】
① ドッグパンに縦に切り込みを入れ、オーブントースターで焼く。
② ソーセージを炒めて、ザワークラウト、ピクルスとともにパンに詰める。
③ お好みで粒マスタードをつける。

野菜のオリーブ油アンチョビーソース

【材料　2人分】
アスパラ　4本（一口大）
なす　1個（一口大）
トマト　1/2個（くし形切り）
にんにく　1片
オリーブ油　大さじ1
レモン汁　小さじ2
アンチョビー　小さじ2/3
塩・こしょう　少々

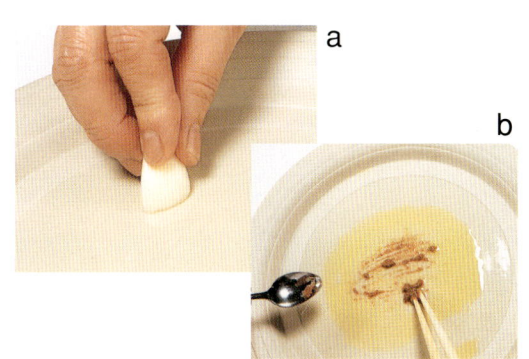

【作り方】
① アスパラは電子レンジで1分加熱し、なすはソーセージを炒めた後のフライパンで炒める。
② 皿ににんにくをこすりつけ（写真a）、オリーブ油とレモン汁をおき、アンチョビーをおいて（写真b）①とトマトを盛り、塩・こしょうする。
③ 全体を混ぜながらいただく。

クラムチャウダー

【材料　2人分】
あさり（殻付き）　300g
スイートコーン　小1缶
牛乳　1カップ
ブイヨン　1カップ
塩・こしょう　少々
バター　10g
生クリーム　大さじ2

【作り方】
① 鍋にバターを入れて、あさり、スイートコーンを入れて炒め、牛乳、ブイヨンを加えて煮る。
② ①に塩・こしょうして調味した後、生クリームを加える。

オレンジのマーマレードソース

【材料　2人分】
オレンジ　2個（1cmの輪切り）
マーマレード　大さじ3
コアントロー　大さじ2

【作り方】
① 器にオレンジをのせ、マーマレードとコアントローを混ぜたソースをかける。

スピードクッキングのポイント

バター（225g入り）を買ったら、22個に切り分けておくと、大体の重さ（1切れ10g）が分かって、便利です。

水曜日 夕食

フードプロセッサーは上手に使うと、手づくりに幅が出ます。
エビ団子だって手早く作れます。

えび団子の白菜煮
よくばり春巻き
なすの甘みそ和え
・ご飯

手順のヒント
① スープを沸かし野菜を煮る。
② えび団子を作り、鍋に入れて煮込む。
③ なすの甘みそ和えを作る。
④ よくばり春巻きを準備し、揚げる。

えび団子の白菜煮

【材料　2人分】
白菜　4〜5枚（3〜4cm切り）
A ┬ えび　150g
　├ はんぺん　1/2枚
　├ しょうが絞り汁　小さじ1
　├ 酒　大さじ1
　└ 塩　少々
春雨　10g（1/3にカット）
しいたけ　4枚（そぎ切り）
ガラスープ　3カップ
塩　小さじ2
こしょう　少々

【作り方】
① Aの材料をフードプロセッサーにかけて練り合わせる。
② ガラスープを煮立てて、白菜、しいたけ、春雨を入れて煮立て、①を丸めて加えて（写真）煮込む。塩・こしょうで味を調える。

よくばり春巻き

【材料　2人分】
春巻きの皮　4枚
のり　1枚
スライスチーズ　4枚
カニ棒　4枚
わけぎ　4本
大葉　4枚
揚げ油　適量
プチトマト　4個
パセリ　適量

【作り方】
① のりに大葉、チーズ、カニ棒、わけぎの順において巻き、さらに春巻きの皮で包み（写真）からりと揚げる。
② 2つに切って、プチトマト、パセリと盛り合わせる。

なすの甘みそ和え

【材料　2人分】
なす　3本（縦の薄切り）
ピーマン　2個（縦の薄切り）
甜麺醤　小さじ2
ごま油　小さじ2
一味唐辛子　少々

【作り方】
① なすとピーマンをごま油で炒め、甜麺醤と一味唐辛子を加えて混ぜる。

スピードクッキングに役立つ道具

フードプロセッサーは砕く、するなどに便利な道具。みじん切りやペーストもあっという間です。いつでもすぐに使えるように手近においておくようにしましょう。

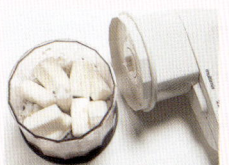

木曜日 朝食

マリネは前日に漬け込んでおくと、味がしみて美味しくなります。
器に盛り合わせるだけで出来上がる、超スピード朝ごはんです。

フルーツ入りシリアル
プチトマトとセロリのマリネ
ナッツ盛り合わせ

フルーツ入りシリアル

【材料　2人分】
シリアル　100g
バナナ　1本（一口大）
いちご　4個
レーズン　大さじ2
牛乳　1 1/2カップ
はちみつ　大さじ1

【作り方】
① 器にシリアルとバナナ、いちご、レーズンを入れ、牛乳とはちみつをかける。

プチトマトとセロリのマリネ

【材料　2人分】
プチトマト　10個
セロリ　1/2本（乱切り）
A ┌ 酢　小さじ2
　│ サラダ油　大さじ2
　│ 玉ねぎ（みじん切り）　大さじ3
　│ ピクルス（みじん切り）　大さじ1
　└ 塩・こしょう　少々
サラダ菜　1/2株

【作り方】
① Aの材料を合わせてマリネ液を作り、プチトマトとセロリを漬け込んでサラダ菜と盛り合わせる。

木曜日 昼食

お皿の上で混ぜ合わせる、手間いらず器いらずのパスタ料理は具や味付けを自在に楽しめます。
ポン酢で作るオリジナルサラダも、ふりかけやおつまみ類で、さまざまなアレンジが楽しめます。

明太子スパゲッティー
いろいろ野菜のふりかけサラダ

明太子スパゲッティー

【材料　2人分】
スパゲッティー　160g
バター　20g
明太子　1腹
のり　1/2枚（細切り）
大葉　3枚（せん切り）
塩・こしょう　少々

【作り方】
① 皿にバターと明太子をおき（写真）、その上にゆでたてのスパゲッティーをおいて、よく混ぜ合わせ、塩・こしょうで調味する。
② のりと大葉を①の上にかける。

いろいろ野菜のふりかけサラダ

【材料　2人分】
キャベツ　4枚（一口大）
ブロッコリー　1/4株（一口大）
赤ピーマン　1/6個（一口大）
黄ピーマン　1/6個（一口大）
ポン酢　大さじ2
小魚アーモンド（市販品）　適量
糸唐辛子　適量
（七味唐辛子や一味唐辛子でもOK）

【作り方】
① キャベツとブロッコリー、ピーマンを一緒にゆでる。
② 皿に盛って小魚アーモンドと糸唐辛子をのせて、ポン酢をかける。

木曜日 夕食

炒り大豆は、香ばしくて煮えやすいので、ご飯に炊き込んでみましょう。大豆を上手に体に摂り入れる、ひとつの方法です。さつま芋は小さめに切ると早く煮えます。豆ご飯もさつま芋のはちみつ煮も、多めに作って翌日のお弁当に活用しましょう。

鶏むね肉の南蛮漬け風
りんごの白和え
さつま芋のはちみつ煮
カニみそ汁
豆ご飯

手順のヒント
① 豆ご飯を炊く。
② さつま芋をゆで、はちみつを加えて煮る。
③ 南蛮漬け風を揚げてめんつゆに漬ける。
④ 白和え衣を作り具を和える。
⑤ みそ汁を作る。

鶏むね肉の南蛮漬け風

【材料　2人分】
鶏むね肉　1枚（そぎ切り）
塩・こしょう　少々
片栗粉　大さじ2
サラダ油　適量
長ねぎ　2本（4〜5cm）
ピーマン　1個（細切り）
めんつゆ　大さじ2
レタス　適量

【作り方】
① 鶏肉（写真a）に塩・こしょうして片栗粉をまぶし、少量（フライパンに1〜2cmほど）の油で揚げる。
② 長ねぎ、ピーマンを揚げる。
③ めんつゆに①と②を漬け込む（写真b）。
④ レタスを敷いた皿に盛る。

a
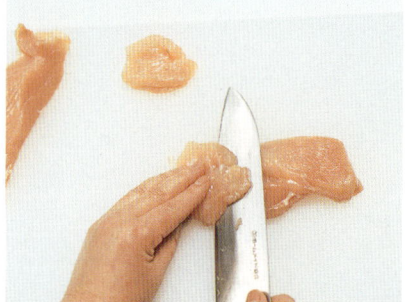

b

りんごの白和え

【材料　2人分】
りんご　1/2個（薄切り）
セロリ　10g（薄切り）
きゅうり　少々（薄切り）
豆腐　1/3丁
ねりごま　大さじ1
マヨネーズ　小さじ2

【作り方】
① 豆腐をペーパータオルで包んで電子レンジで加熱し、水きりする（写真a）。
② 豆腐とねりごま、マヨネーズをフードプロセッサーで混ぜ合わせる（写真b）。
③ りんご、セロリ、きゅうりを②で和える。

a

b

カニみそ汁

【材料　2人分】
冷凍カニ　200g
みそ　大さじ1 1/2
水　1 1/2カップ

【作り方】
① 水を沸かしてカニを入れ、沸騰させてみそで調味する。

豆ご飯

【材料　2人分】
米　2カップ
炒り大豆　50g
塩　小さじ1
水　2 3/5カップ

【作り方】
① 分量の水で炒り大豆、塩を加えてご飯を炊く。

さつま芋のはちみつ煮

【材料　2人分】
さつま芋　300g（2cm角）
はちみつ　大さじ3

【作り方】
① さつま芋を水につけ、水煮にしてやわらかくなったら余分な水分を捨てて、はちみつを加えて煮る。

スピードクッキングに役立つ食材

めんつゆは便利な調味料。だしをとる手間が省けます。南蛮漬け、揚げ出し、天つゆ、煮物などに活用できます。

金曜日 昼食

前日の夕食のご飯をお肉で巻いて、さっと焼くとご飯とおかずが同時に作れます。ご飯とお肉のドッキングでお弁当が充実。さつま芋の茶巾絞りは、前日の夜、残ったさつま芋をラップで包んでおいて作ります。

肉巻き豆ご飯

【材料　2人分】
豆ご飯　2杯分（前日の夕食の残り）
牛もも肉スライス　200g
サラダ油　小さじ1
しょうゆ　小さじ2
みりん　小さじ2

【作り方】
① 牛肉を広げて、棒状にしたご飯を巻く（写真a）。
② フライパンに油を熱して①を転がしながら焼いて、しょうゆ、みりんで味をつける。
③ 食べやすい大きさに切る。

竹輪ときゅうりの巻き巻き

【材料　2人分】
竹輪　小2本（縦半分）
きゅうり　1本（縦にスライス）

【作り方】
① きゅうりと竹輪を重ねて渦巻きにして（写真b）楊枝で止める。

さつま芋の茶巾絞り

【材料　2人分】
さつま芋のはちみつ煮　80g

【作り方】
① ラップで包み茶巾にする。

いんげんとにんじんの磯辺和え

【材料　2人分】
いんげん　50g（棒状）
にんじん　30g（棒状）
バター　10g
しょうゆ　小さじ2
のり　1/2枚

【作り方】
① いんげんとにんじんにバターをのせて、電子レンジで1分〜1分30秒加熱し、しょうゆをまぶしてのりをちぎって和える。

(弁当)
肉巻き豆ご飯
いんげんとにんじんの磯辺和え
竹輪ときゅうりの巻き巻き
さつま芋の茶巾絞り

金曜日　夕食

ツナで簡単に炊きおこわが作れます。
缶詰を上手に利用するのもスピードクッキングのポイントです。

野菜のオイスターソース炒め
チーズ入り揚げワンタン
きのこの中華スープ
ツナとしょうがの炊きおこわ

手順のヒント
① おこわを炊く。
② スープや炒め物の材料を切る。
③ スープを作る。
④ ソース炒めを作る。
⑤ ワンタンを揚げる。

野菜のオイスターソース炒め

【材料　2人分】

キャベツ　4枚（一口大）
にんじん　30g（短冊切り）
絹さや　20g
鶏むね肉　1/2枚（そぎ切り）
えび　6尾
オイスターソース　大さじ1
塩・こしょう　少々
サラダ油　大さじ1

【作り方】
① サラダ油を熱して鶏むね肉を炒め、にんじん、キャベツ、絹さやの順に入れて火が通ったら、えびを加える。
② オイスターソース、塩・こしょうで調味する。

チーズ入り揚げワンタン

【材料　2人分】

ワンタンの皮　10枚
チーズ　50g
揚げ油　適宜
レモン　2切れ

【作り方】
① ワンタンの皮にチーズを包んで（写真）揚げる。レモンを添える。

きのこの中華スープ

【材料　2人分】

しめじ　1/3パック（小房に分ける）
えのき茸　1/3パック（1/2に切る）
エリンギ　1/2本（薄切り）
キクラゲ　5g（一口大）
鶏ガラスープ　1 1/2カップ
塩・こしょう　少々

【作り方】
① 鍋に鶏ガラスープを沸かして、もどしたキクラゲ、きのこ類を加えて煮立て、塩・こしょうで味を調える。

ツナとしょうがの炊きおこわ

【材料　2人分】

もち米　2カップ
ツナ　小1缶
しょうが　1片（せん切り）
しょうゆ　小さじ2
酒　大さじ1
塩　小さじ1/5
水　1 4/5カップ

【作り方】
① もち米は洗って4〜5時間漬けておく。
水気をきってツナ、しょうが、水、調味料を加えて炊く。

土曜日 朝食

ザーサイの塩分が味付けの調味料役を果たします。
ほかにも漬け物などを使うと一味違う和え物ができます。

中華粥
揚げ卵
長芋ときゅうりとザーサイの和え物

中華粥

【材料　2人分】
A ┌ 米　1/2カップ
　├ 水　3カップ
　├ ホタテ（乾）　10g
　├ しょうが　1片（薄切り）
　├ 長ねぎ　5cm
　└ 酒　小さじ1
　塩　少々
　ごま油　小さじ1
　クコの実　大さじ1
　香菜　適量

【作り方】
① 圧力鍋にＡの材料を入れて（写真）10分加圧して自然冷却する。
② ねぎ、しょうがを取り出して塩、ごま油を加えて混ぜる。
③ 器に盛り、クコの実、香菜をのせる。

揚げ卵

【材料　2人分】
卵　2個
揚げ油　適量
大根おろし　大さじ3
めんつゆ　小さじ2

【作り方】
① 鍋に少量の油を熱し、卵を入れて揚げる（写真）（黄身がくずれないようボールに割り、油の中にはそっと入れましょう）。
② 器に①をのせ、大根おろしを添え、めんつゆをかける。

長芋ときゅうりとザーサイの和え物

【材料　2人分】
きゅうり　1/2本（せん切り）
長芋　100g（せん切り）
ザーサイ　30g（せん切り）
ごま油　小さじ1

【作り方】
① 材料をごま油で和える。

土曜日 昼食

冷蔵庫に残っている野菜を上手に使って焼きうどんを作りました。
鶏肉やハム、カマボコなどのほか、野菜は何でも合います。

焼きうどん

【材料　2人分】
ゆでうどん　2玉
豚肉　50g（せん切り）
竹輪　小1本（せん切り）
キャベツ　2枚（一口大）
にんじん　1/3本（短冊切り）
もやし　1/3袋
にら　30g（3cm長さ）
サラダ油　大さじ1
めんつゆ　大さじ4
塩・こしょう　少々
紅しょうが　適量
削り節　適量

【作り方】
① うどんを電子レンジで温めておく。
② フライパンに油を熱して豚肉、竹輪を入れて炒め、キャベツ、にんじん、もやし、にらを加え更に炒める。
③ ②にうどんを入れて炒め、調味する。
④ 器に盛って削り節、紅しょうがをのせる。

焼きうどん
フルーツのヨーグルト和え

フルーツのヨーグルト和え

【材料　2人分】
ヨーグルト　200g
缶詰フルーツ
　（パイナップル、ミカン）200g
　（フレッシュフルーツも
　　もちろん美味しいです）

【作り方】
① 器にヨーグルトと一口大の
　フルーツを和えて入れる。

土曜日 夕食

土曜は気分もゆったり、ワインを抜いて1週間の疲れをとりましょう。お刺し身で簡単に作れるカルパッチョや圧力鍋で煮込むだけのポトフは十分にごちそうです。カルパッチョは市販のドレッシングにしょうが汁を足したり、しょうゆを加えたりしてオリジナルな味を作ると、気分はさらにリッチになります。

鯛とホタテのカルパッチョ風
ポトフ
キウイのミント風味シロップ漬け
フランスパン

手順のヒント
① シロップを作り、キウイを漬け込む。
② カルパッチョ風を作り、冷やす。
③ ポトフを圧力鍋で煮る。
④ ブロッコリーをレンジでゆでる。

鯛とホタテのカルパッチョ風

【材料 2人分】
鯛（刺し身） 100g
ホタテ 4個（薄切り）
イタリアンパセリ 1パック
ルッコラ 1袋
スプラウト 1/2パック
レモン（薄切り） 1個

A ┌ にんにく 少々（おろす）
　│ レモン汁 小さじ2
　│ 塩 少々
　│ しょうゆ 大さじ1
　│ しょうが絞り汁 小さじ1/2
　└ オリーブ油 大さじ1 1/2

【作り方】
① Aの材料を合わせてドレッシングを作る。
② 皿にレモンを敷いて、鯛、ホタテをおき（写真）、ルッコラ、スプラウトをのせる。
③ ドレッシングをかける。

ポトフ

【材料　2人分】

A ┌ ソーセージ　4本
　│ じゃが芋　2個（4つ割り）
　│ セロリ　1/3本（大きめの乱切り）
　│ プチトマト　6個
　└ ブイヨン　2カップ
塩・こしょう　少々
ブロッコリー（小房に分ける）　4房

【作り方】
① 圧力鍋にAの材料を入れて5分加圧して自然冷却する。
② 電子レンジでゆでたブロッコリーを入れて温め、塩・こしょうで味を調える。

キウイのミント風味シロップ漬け

【材料　2人分】
キウイフルーツ　2個（輪切り）
シロップ ┌ 水　1/2カップ
　　　　 └ 砂糖　1カップ
ミントリキュール　小さじ1

【作り方】
① シロップに、キウイとミントリキュールを入れて漬けておく。

日曜日 ブランチ

遅く起きた休日の朝は優しい甘さのフレンチトーストをゆったりと楽しみましょう。サラダのにんじんはピーラーで削って、見た目にも美しく…。

フレンチトースト
キャロットとプルーンのサラダ
具だくさんスープ

キャロットとプルーンのサラダ

【材料　2人分】
にんじん　1本
プルーン　6個
サラダ油　大さじ1
レモン汁　大さじ1
オレガノ　少々
タイム　少々
塩　少々
生ハム　20g

【作り方】
① にんじんを、ピーラーで薄切りにして（写真）プルーンと合わせ、塩、サラダ油、レモン汁、香草と混ぜておく。
② ①を器に入れ、生ハムを添える。

具だくさんスープ

【材料　2人分】
ベーコン　2枚（1cm幅）
玉ねぎ　1/4個（スライス）
トマト　1/2個（1.5cm角）
スイートコーン　100g
ブイヨン　1 1/2カップ
サラダ油　小さじ1
塩・こしょう　少々

【作り方】
① ベーコンと玉ねぎをサラダ油で炒め、トマト、スイートコーン、ブイヨンを入れて煮る。
② 塩・こしょうで味を調える。

フレンチトースト

【材料　2人分】
フランスパン（5cm長さ）4切れ
卵　1個
砂糖　大さじ2
牛乳　1/2カップ
バター　20g
メープルシロップ　適量

【作り方】
① 卵、砂糖、牛乳を合わせてフランスパンの切り口につけておく。
② フライパンにバターを溶かし①を焼き、メープルシロップをかける。

日曜日 間食

焼きたてだからこそ味わえるパイのさっくり感を楽しみましょう。

簡単アップルパイ
ミルクティー

簡単アップルパイ

【材料　2人分】
パイ生地（冷凍）　1/2枚
りんごのシロップ煮（53頁参照）　2切
粉糖　適量

【作り方】
① パイ生地を2等分してオーブントースターで焼く。
② 焼き上がったパイを横に割ってりんごをはさみ（写真）、粉糖をかける。

日曜日 夕食

筑前煮は材料を取り揃えるのに手間はかかりますが、調理は圧力鍋でスピードアップできます。日曜日に作ってみたい一品です。和え物のきのこ類は酒炒りしておくと長持ちします。おろし和えにしたり、そのままみそ汁の具にしても良いでしょう。

かきの昆布蒸し
筑前煮
なめことアスパラの梅風味
清し汁
ご飯

手順のヒント
① 筑前煮を圧力鍋で煮る。
② アスパラと絹さやをレンジでゆでる。
③ 梅風味衣を作り、野菜を和える。
④ 清し汁を作る。
⑤ かき昆布蒸しを土鍋で煮る。

かきの昆布蒸し

【材料　2人分】
かき　300g
だし昆布　10cm
酒　大さじ1
大根おろし　200g
ポン酢しょうゆ　適量

【作り方】
① 鍋に昆布をしいて、洗ったかきをおいて酒をふりかける。
② 蒸し煮にして火をとおす。
③ 大根おろしとポン酢しょうゆで食べる。

なめことアスパラの梅風味

【材料　2人分】
なめこ　1袋
酒　小さじ1
しょうゆ　小さじ1
アスパラ　1/2束（斜め薄切り）
ねり梅　小さじ1
みりん　少々

【作り方】
① なめこを鍋に入れて、酒としょうゆをかけて炒りつける。
② アスパラを電子レンジで1分加熱する。
③ ①と②を合わせてねり梅とみりんで和える（写真）。

筑前煮

【材料　2人分】
鶏もも肉　1/2枚
こんにゃく　1/3枚
にんじん　5cm
さといも　2個
れんこん　5cm
ごぼう　10cm
絹さや　6枚
サラダ油　小さじ2
だし汁　1カップ
しょうゆ　大さじ1
みりん　大さじ1
塩　小さじ1/2

【作り方】
① 一口大に切った材料（絹さやを除く）を圧力鍋にサラダ油を熱して炒める。
② だし汁、しょうゆ、みりんを加えて5分加圧して自然冷却し、ふたをとって少し煮詰める。
③ 電子レンジで30秒加熱した絹さやを加える。

清し汁

【材料　2人分】
生しいたけ　2枚（薄切り）
豆腐　1/3丁（2cm角）
青菜　適量（4cm長さ）
（ほうれん草、小松菜、チンゲン菜など何でもOK）
だし汁　1 1/2カップ
塩　小さじ1/5
しょうゆ　少々

【作り方】
① だし汁を沸かしてしいたけを煮、青菜と豆腐を入れ塩としょうゆで調味する。

第2章
こんな時こそスピードアップ！
時間節約のための常備菜——ちょっと作り置きしておくと便利な12品

ひじきの五目煮

【材料】

ひじき（水煮）　1缶
にんじん　5cm（イチョウ切り）
しいたけ　3枚（細切り）
竹輪　小1本（半月切り）
油揚げ　1枚（せん切り）

大豆（缶）　1/2缶
しょうゆ　大さじ2
みりん　大さじ2
酒　大さじ2
砂糖　大さじ2

【作り方】
① 鍋にひじき、その他の材料を入れ水を加えて煮る。
② 調味料を入れて煮含める。

スピードクッキングのポイント
油揚げたっぷりなので、油炒めしないで煮てみましょう。ひと手間省けます。乾燥のひじきを使用する時は、洗ってから食べやすい長さに切って使用します。

ごぼうとにんじんのきんぴら

【材料】
ごぼう　1本（せん切り）
にんじん　5cm（せん切り）
サラダ油　大さじ1
唐辛子　1/2本（小口切り）
昆布しょうゆ　大さじ2
白炒りごま　大さじ1

【作り方】
① 鍋に油と唐辛子を入れて香りが出たら、ごぼう、にんじんを入れ、よく炒める。
② しょうゆを入れて味をつけ、ごまを入れてからめる（固いときはだし汁を大さじ1〜2入れて少し煮るとよい）。

れんこんのきんぴら

【材料】
れんこん　200g（薄いいちょう切り）
サラダ油　大さじ1
唐辛子　1/2本
昆布しょうゆ　大さじ2
酢　小さじ1
ごま油　小さじ1

【作り方】
① れんこんを油で唐辛子とともに炒めて酢を入れる。
② 透明になったら、しょうゆを加えて仕上げにごま油を入れる。

しいたけのきんぴら

【材料】
干ししいたけ　30g（戻して細切り）
サラダ油　大さじ1
砂糖　小さじ2
みりん　小さじ2
しょうゆ　大さじ1
だし汁　大さじ3

【作り方】
① 干ししいたけを油で炒めて砂糖、みりん、しょうゆ、だし汁を入れて煮含める。

ピクルス

【材料】
にんじん
きゅうり
ピーマン　合わせて500g
セロリ
小玉ねぎ

A ┌ ビネガー　1カップ
　├ 白ワイン　50cc
　├ 砂糖　50g
　└ 塩　小さじ1

B ┌ 唐辛子　1本
　├ ロリエ　2枚
　├ クローブ　2本
　├ タイム　小1/5
　└ 粒こしょう　小さじ1

【作り方】
① にんじん、きゅうり、ピーマン、セロリは縦割り、小玉ねぎは皮をむいてさっとゆでて瓶にきっちり詰める。Bの材料も加えておく。
② Aの材料を沸騰させて①に入れる。

※漬け込んで10日目くらいから食べられます。一カ月くらい経つとかなり味がしみてきて、刻んでソースに加えたり、サンドイッチに挟んだりと料理の味を引き立てます。

大根の酢漬け

【材料】
大根　1本

A ┌ 酢　1/2カップ
　├ 砂糖　1カップ
　└ 塩　大さじ2

【作り方】
① 洗った大根を10～15cm長さの輪切りにして、太いところは半分に切る。
② Aの材料を合わせて袋に入れ、①の大根を入れておく。

※2～3日すると大根から水が出て、大根全体が液の中につかるようになります。しんなりしたところから順に食べ頃です。余った大根を入れておくと、1本の大根を無駄なく使えます。

りんごのシロップ煮

【材料】
りんご（あれば紅玉）　2〜3個
砂糖　（りんごの）20％
レモン　1/2個

【作り方】
① りんごを4〜6つ割りにして芯を取り、砂糖をまぶしておく。
② ①に水1/2カップと輪切りのレモンを加えて火にかけ、りんごがしんなりしたら火を止めて、そのままシロップにつけておく。

しょうがのはちみつ漬け

【材料】
しょうが　50g
はちみつ　100g

【作り方】
① しょうがを薄切りにしてはちみつを入れた容器に入れて、1〜2日漬け込む。

※しょうがホットドリンク、寿司飯の具（82頁参照）、煮魚、豚肉のしょうが焼きなどに利用できます。

急なお客様にもささっと出せるクイックおもてなし料理

和風のおもてなし

寿司飯を炊いて、あり合わせの材料で手まり寿司を作りましょう。少し残っているうなぎがあれば、茶碗蒸しの具に最適です。

手まり寿司
うな茶碗蒸し
揚げ出し野菜
栗ぜんざい

手まり寿司

【材料　4人分】

無洗米　2カップ	炒り卵 ┌ 卵　2個
酢　40cc	├ 砂糖　少々
砂糖　大さじ2	└ 塩　少々
塩　小さじ2/3	ホタテ貝柱　4個
甘酢しょうが　30g	大葉　2枚（半分に切る）
	えび　4～8尾

【作り方】

① 米、水2カップ、酢、砂糖、塩を全部入れて寿司飯を炊く。
② 甘酢しょうがをみじん切りにして①に混ぜ、1個40gに丸める。
③ 炒り卵を1/4ずつラップに広げて②を包んで形を整える（写真）。
④ ホタテ貝柱と大葉を③と同様にしてラップで包み形を整える。
⑤ えびは背わたを取ってゆで、殻をむいて開き、同様に包む。

うな茶碗蒸し

【材料　4人分】

豆腐　1丁	三つ葉（2cm長さ）　少々
卵　3個	塩　小さじ1
だしの素　小さじ1	しょうゆ　少々
うなぎ　1/2串	

【作り方】

① 豆腐を潰して卵、だしの素、塩、しょうゆとよく混ぜ合わせ3cm角に切ったうなぎとともに蒸し茶碗に入れて（写真）、ラップをかける。
② 電子レンジで1個につき、1分30秒加熱して三つ葉を入れる。

栗ぜんざい

【材料　4人分】

煮小豆　1缶
栗の甘露煮　8粒

【作り方】
① 煮小豆を温めて栗の甘露煮を入れる。

揚げ出し野菜

【材料　4人分】

なす　3本
ピーマン　3個
アスパラ　1束
ズッキーニ　1本
エリンギ　2本
長ねぎ　2本
大葉　5枚
かつお節　適量
揚げ油　適量
めんつゆ　大さじ2～3

【作り方】
① 野菜はそれぞれ一口大に切る。
② 油で揚げてめんつゆをからめる。
③ 器に盛り、かつお節、大葉のせん切りを飾る。

洋風のおもてなし

ホットプレートを使うパエリアはお客様の前で仕上げてはいかがでしょうか。
作る過程もごちそうになりそうです。

パエリア
野菜たっぷりガスパチョ
アンティパスト2種
オレンジのクラフティー
サングリア

パエリア

【材料　4人分】

無洗米　2カップ	スープ　2〜2.5カップ
サフラン　0.5g	オリーブ油　大さじ2
赤ピーマン　1/3個	玉ねぎ　1/2個（みじん切り）
黄ピーマン　1/3個	塩・こしょう　少々
ムール貝　8〜12個	白ワイン　大さじ2
ソーセージ　大4本	にんにく　1片
いか　1杯	パセリ　適量（みじん切り）

【作り方】
① ホットプレートを温めて、オリーブ油大さじ1でにんにく、ピーマンを炒め、魚介、ソーセージも入れて（写真a）さらに炒め、ワインをかけて蒸し焼きにし、端に寄せておく。
② オリーブ油大さじ1を足して、玉ねぎを炒め、サフランを入れたスープ、米、塩・こしょうを加える（写真b）。
③ ②に①をのせてフタをし、15分炊く。
④ パセリを散らす。

野菜たっぷりガスパチョ

【材料　4人分】

A
- トマト　1 1/2個
- にんにく　1片
- きゅうり　1/2本
- 食パン　1/4枚

ルッコラ　1パック
さやえんどう　150g
グリーンカール　1/2個
フライドオニオン　少々
ドライミート　少々
塩・こしょう　少々
オリーブ油　50cc

【作り方】
① Aをフードプロセッサーで砕き、塩・こしょうする。
② 器に①を注ぎ、塩ゆでしたさやえんどう、手でちぎったルッコラ、グリーンカールに、塩・こしょう、オリーブ油を入れて混ぜ、器に盛ってフライドオニオン、ドライミートをかける。

アンティパスト
野菜の生ハム巻き

【材料　4人分】
生ハム　4枚
きゅうり　1/2本
セロリ　1/3本

【作り方】
① きゅうり、セロリを棒状に切って生ハムで巻く。

スピードカナッペ

【材料　4人分】
クラコット　4枚
クリームチーズ　40g
キウイフルーツ　適量
クランベリージャム　適量
（フルーツ、ジャムは冷蔵庫にあるもの何でもOK）

【作り方】
① クラコットを1/2に割り、クリームチーズとキウイ、クリームチーズとクランベリージャムをのせる。

オレンジのクラフティー

【材料　直径12cmのグラタン皿4枚分】
オレンジ　2個
卵　3個
生クリーム　1カップ
メープルシロップ　60g
小麦粉　大さじ3
バター　少々

【作り方】
① オレンジの皮をむいて半月のスライスにし、バターを塗った皿に並べる。
② 卵、生クリーム、メープルシロップ、小麦粉を合わせて①に注ぎ、180〜190℃のオーブンで15分焼く。

サングリア

【材料　4人分】
赤ワイン　1/2カップ
オレンジ絞り汁　1個分
レモン絞り汁　1/2個分
レモン輪切り　1/2個分
砂糖　大さじ3
りんご　1/2個
ソーダ水　350cc

【作り方】
① 赤ワイン、オレンジとレモンの絞り汁、レモンのスライス、砂糖を合わせて冷蔵庫で冷やす。
② 皮を残して一口大にスライスしたりんごとソーダ水を加えて仕上げる。

中華のおもてなし

多彩な素材を使う中華料理も工夫次第でスピードアップ。会話を楽しみながら味わいましょう。

スペアリブのトウチ蒸し
いが栗揚げのカニあんかけ
もやしの 中華風
杏仁豆腐
蒸しパン

スペアリブのトウチ蒸し

【材料　4人分】
豚スペアリブ　400g
にんにく　2片（みじん切り）
唐辛子　1本（輪切り）
A ┌ しょうゆ　大さじ1
　├ トウチジャン　大さじ1
　├ 砂糖　小さじ1
　├ 片栗粉　小さじ2
　├ 水　大さじ2
　└ 油　大さじ2
豆苗　1パック

【作り方】
① ボールにスペアリブ、にんにく、唐辛子、Aを加えて1時間漬け込む。
② ①を器に入れて蒸し器で蒸す（写真）（電子レンジだと約10分、途中2〜3回混ぜる）。
③ 豆苗と一緒に②を盛る。

いが栗揚げのカニあんかけ

【材料　4人分】
はんぺん　大1枚（2〜3cm角）
春雨　40g（2cmカット）
卵　1個
小麦粉　大さじ3
サラダ油　適量
カニ（缶）　60g
青ねぎ　10cm
ガラスープ　1カップ
片栗粉　大さじ1
酒　大さじ1
しょうが汁　小さじ1
塩・こしょう　少々
ごま油　小さじ1

【作り方】
① はんぺんを卵と小麦粉をといた液にくぐらせ、春雨をまぶして（写真a）、高温の油で揚げる（写真b）。
② 鍋にカニ、スープを入れて沸かし、しょうが汁、塩・こしょう、片栗粉でトロミをつけ、ごま油を入れる。
③ 皿に①を盛り、②をかける。

もやしの中華風

【材料　4人分】

もやし　1袋
赤ピーマン　1/4個（細切り）
黄ピーマン　1/4個（細切り）
ごま油　大さじ1
塩　小さじ1/2
こしょう　少々
白炒りごま　小さじ2

【作り方】
① もやしのヒゲ根を取る。
② ピーマンと①に少量の水を加えて蒸し煮にして火を通す。
③ 塩・こしょう、ごま油で和えて、ひねりごまを混ぜる。

杏仁豆腐

【材料　4人分】

杏仁霜　大さじ2
（なければアーモンドエッセンス2～3滴）
牛乳　1 1/4カップ
グラニュー糖　40g
ゼラチン　8g
水　1/2カップ
生クリーム　1/2カップ
クコの実　適量
シロップ ― 水　1/2カップ
　　　　　グラニュー糖　50g

【作り方】
① グラニュー糖と杏仁霜をよく混ぜて（写真）水を加え全体に混ぜる。
② ①に牛乳を入れて火にかけ、砂糖が溶けたらゼラチンを入れる。
③ ②に生クリームを入れ器に入れて冷ます。
④ 水とグラニュー糖を混ぜて電子レンジで1分加熱し、シロップを作る。
⑤ 冷やした③にシロップを入れ、戻したクコの実をのせる。

イタリアンのおもてなし

人気のイタリア料理で、おしゃれなおもてなしを…。
カマンベールチーズをまるごと電子レンジで加熱してチーズフォンデュにしてみましょう。

牛肉のワイン漬け
チーズフォンデュ
チコリのハーブ焼き
スティックパイ2種
トマトサラダ

牛肉のワイン漬け

【材料　4人分】
牛肉（ステーキ用）　3枚
タレ ┌ 赤ワイン　1/4カップ
　　 │ 酢　1/4カップ
　　 │ しょうゆ　1/2カップ
　　 └ しょうが　1片
長ねぎ　1本（3〜4cm）
サラダ菜　1株
かぼちゃ　適量
大葉　10枚
みょうが　2〜3個

【作り方】
① 牛肉とねぎをフライパンで焼き、熱いうちにタレに漬け込む（写真）。
② 器にサラダ菜を敷き、切った①を盛り、かぼちゃ、大葉、みょうがのせん切りを飾る。

トマトサラダ

【材料　4人分】
トマト　2〜3個（乱切り）
A ┌ アンチョビー　少量
　│ バジル　適量
　│ オリーブ油　大さじ4
　│ レモン汁　大さじ1
　│ 酢　大さじ1
　│ 塩　1g
　└ こしょう　少々

【作り方】
① Aを混ぜてバジルソースを作る。
② トマトを少量の①で和えて器に盛り、残りのソースをかける。

スティックパイ2種

【材料　4人分】
パイ生地（冷凍）　1枚
卵白　適量
ごま　少々
パプリカ　少々

【作り方】
① パイ生地を細長くカットして卵白を塗り、ごまとパプリカをそれぞれ振りかけ、ねじる（写真）。
② オーブントースターで色づくまで焼く。

チーズフォンデュ

【材料　4人分】
カマンベールチーズ　1個
フランスパン　適量（一口大）
セロリ　適量（スティック状）
ヤングコーン　適量
ラディッシュ　適量（2等分）

【作り方】
① チーズの上面を切り落として、切り口以外をアルミホイルで巻いて全体をラップで包み、電子レンジで1分30秒～2分加熱する。
② フランスパン、セロリ、ラディッシュをバランス良く盛り付け、①をつけて食べる。

チコリのハーブ焼き

【材料　4人分】
チコリ　2個
生ハム　8枚
A ┌ 食パン（生パン粉）1枚
　│ ローズマリー　少々
　└ タイム　少々
オリーブ油　大さじ3

【作り方】
① チコリを塩少々とレモンの薄切りを入れた湯でゆでて、4等分にして生ハムを巻く（写真）。
② バターを塗ったグラタン皿に並べてAを混ぜたハーブパン粉を振りかけ、オリーブ油をかける。
③ オーブントースターで色づくまで焼く。

松花堂弁当でおもてなし

手近にある惣菜を松花堂弁当に盛り合わせると、ちょっと改まった気分になります。

お造り

【材料 1人分】
鯛刺し身 1人分
大根 適量
きゅうり 適量
ラディッシュ 適量
わさび 適量

【作り方】
① 大根、きゅうり、ラディッシュをつまにして、鯛の刺し身を盛り合わせる。

竹の子とカマボコのめんつゆ煮

【材料 1人分】
竹の子 2切れ
カマボコ 2切れ
さやえんどう 2〜3本
塩 少々
めんつゆ 適量

【作り方】
① 竹の子とカマボコをめんつゆで煮て、塩ゆでしたさやえんどうを添える。

お造り
竹の子とかまぼこのめんつゆ煮
生麩の揚げ出し
ふくさ卵
ゆり根の梅和え

青菜のからしじょうゆ和え
ご飯
ちりめん山椒
あんこ玉

生麩の揚げ出し

【材料　1人分】
生麩　2切れ
小麦粉　適量
めんつゆ　適量
しょうが汁　少々
揚げ油　適量

【作り方】
① 1cm厚さに生麩を切って、小麦粉をまぶして油で揚げ、しょうが汁入りのめんつゆに漬け込む（写真）。

ふくさ卵

【材料　1人分】
卵　1個
ひじきの五目煮（48頁参照）
　　　　　大さじ1

【作り方】
① 卵とひじきの五目煮を混ぜてラップに包み（写真）、レンジで1分〜1分30秒加熱する。

ゆり根の梅和え

【材料　1人分】
ゆり根　5〜6片
ねり梅　小さじ1
みりん　少々

【作り方】
① ゆり根をはがして洗い、レンジで30秒加熱して、みりんで溶いたねり梅を添える。

青菜のからしじょうゆ和え

【材料　1人分】
青菜　1株（4cm長さ）
しょうゆ　適量
からし　少々

【作り方】
① 青菜を電子レンジで加熱して、水にとって絞る。
② しょうゆとからしを混ぜて①を和える。

あんこ玉

【材料　1人分】
白あん　20g
抹茶　少々

【作り方】
① 白あんを4等分して丸め、2つずつ串に刺し、抹茶をまぶしつける（写真）。

慌ただしい朝もササッと作れるスピード弁当

忙しい朝のお弁当作りこそスピードアップしたいものです。パンをメインにしたお弁当や作り置きを上手に使ったバラエティー豊かなお弁当を楽しみましょう。

ロールサンド弁当

ロールサンド
りんごのシロップ煮（53頁の常備菜を使用）
ピクルス（52頁の常備菜を使用）

ロールサンド

【材料　2人分】
食パン薄切り　6枚
バター　10g
A ┌ クリームチーズ　40g
　│ クルミ（砕く）　適量
　└ はちみつ　適量
B ┌ 卵　2個
　│ 塩・こしょう　少々
　└ ナツメグ　少々
C ┌ ハム　2枚
　│ チーズ　20g
　└ こしょう　少々

【作り方】
① パンにバターを塗っておく。
② Aの材料を混ぜてパンに塗って巻く（写真）（中身がやわらかい時はアルミで巻くと切りやすく詰めやすくなります）。
③ Bの材料でスクランブルエッグを作り、パンにのせて巻く。
④ Cの材料を巻く。
⑤ 半分に切って弁当箱に詰める。

照り焼き弁当

ぶりとこんにゃくの照り焼き
野菜のつけ合わせ
ごぼうサラダ
ヨーグルトキューブ（市販品）
ご飯（ゆかりのふりかけ）

野菜のつけ合わせ

【材料　2人分】
にんじん　5cm（棒状）
じゃがいも　1/2個（棒状）
アスパラ　2本（棒状）
シーズニングスパイス　少々

【作り方】
① 棒状に切った野菜を電子レンジで1分30秒加熱し、シーズニングを振る。

ぶりとこんにゃくの照り焼き

【材料　2人分】
ぶり　2切れ
こんにゃく（一口大）　4〜6切れ
A ┃ 酒　大さじ1
　 ┃ みりん　大さじ1
　 ┃ しょうゆ　大さじ1

【作り方】
① ぶりとこんにゃくをAに漬けておく。
② フライパンで①を焼き、Aを入れて煮詰める（写真a）。

ごぼうサラダ

【材料　2人分】
ごぼうとにんじんのきんぴら
（49頁参照）　50g
マヨネーズ　大さじ1

【作り方】
① 常備菜のごぼうのきんぴらをマヨネーズで和える（写真b）。

オムパスタ弁当

オムパスタ
サイコロステーキ
ゆでブロッコリー
フルーツ

オムパスタ

【材料　2人分】

ショートパスタ　100g
ベーコン　2枚
スライスマッシュルーム　20g
オリーブ　20g
ピザソース　適量
オリーブ油　適量
卵　3個
塩・こしょう　少々

【作り方】

① フライパンにオリーブ油を入れて熱し、ゆでたパスタ、ベーコン、マッシュルーム、オリーブを入れて炒め、ピザソースを加えて塩・こしょうで調味する。
② 薄焼き卵を作り、①の具を包む。

サイコロステーキ

【材料　2人分】

牛肉　100g
焼き肉のタレ　大さじ1

【作り方】

① フライパンで肉を焼き、焼き肉のタレで味をつける。

ゆでブロッコリー

【材料　2人分】

ブロッコリー　40g
塩・こしょう　少々

【作り方】

① ブロッコリーをゆで塩・こしょうする。

応用自在のスピードメニュー

ちょっと多めに作ると自由自在に応用できる、ドライカレーや常備菜を活用したスピードアップメニュー！冷凍食品や電子レンジも上手に使いこなせば、より便利になります。一週間の献立メニューと入れ換えてみてはいかがでしょうか。

1 ドライカレー

基本のドライカレー

【材料】

豚ひき肉　400g
玉ねぎ　2個
ピーマン　3個
にんじん　1本
カレールー　100g
カレー粉　大さじ3
水　2カップ
塩・こしょう　少々
サラダ油　大さじ2

【作り方】
① 野菜はフードプロセッサーでみじん切りにする。
② サラダ油でひき肉を炒め、野菜を炒めてカレー粉、カレールーを加えてさらに炒める。
③ 水を加えて煮詰め、塩・こしょうで味を整える。

ドライカレーの応用

- ●ご飯と一緒に炒めて作るカレーピラフ
- ●パンに挟んだり、詰めたり…
- ●オムレツの中に入れてカレーオムレツ
- ●レタスなどにつつんで食べる…
- ●食パンにのせてチーズをかけて焼き、ピザトースト風に
- ●白身魚のポッシェにカレーソースをかけて
- ●レタス炒めの味つけに

そのほかにもアイディア次第で応用範囲は広がります。

2 常備菜活用クッキング

健康クイックちらし

【材料　2人分】
寿司飯　2杯分
しょうがのはちみつ漬け（53頁参照）（せん切り）　小さじ2
れんこんのきんぴら（49頁参照）（粗みじん）　大さじ2
ちりめん山椒（51頁参照）　大さじ1
A ┌ 卵　1個
　│ 砂糖　小さじ1
　└ 塩　少々
絹さや　5～6枚

【作り方】
① Aの材料で炒り卵を作る。
② 寿司飯に①と常備菜を混ぜる。
③ 絹さやを電子レンジで30秒加熱して、細く切って散らす。

しいたけピザ

【材料　2人分】
生しいたけ　小4枚
塩・こしょう　少々
ピザソース　大さじ1
鶏そぼろ（50頁参照）　大さじ2
ナチュラルチーズ　20g

【作り方】
① 生しいたけは軸を取って軽く塩・こしょうし、ピザソース、鶏そぼろ、チーズをのせる。
② オーブントースターで焼く。

三色そぼろ弁当

【材料　2人分】
ご飯　2杯分
鶏そぼろ（50頁参照）　適量
炒り卵　2個分
絹さや　10枚（せん切り）

【作り方】
① ご飯を詰めて、鶏そぼろ、炒り卵、絹さやをのせる。

3 フライパンひとつで作る

フライパンは便利な調理器具、上手に使いこなしましょう！

かじきまぐろのマスタード焼き

【材料　2人分】
かじきまぐろ　2切れ
なす　1個（斜めの輪切り）
塩・こしょう　少々
タイム　少々
油　大さじ2
マスタード　大さじ2
万能ねぎ　大さじ1（小口切り）
トマト　1個
塩・こしょう　少々
香草（セロリの葉など）　少々

【作り方】
① かじきまぐろとなすに塩・こしょう、タイムで下味をつける。
② フライパンに油を熱して①の両面を焼く。
③ かじきまぐろの上になすをのせ、マスタードとねぎを合わせて塗る（写真）。
④ ③を皿に盛り、同じフライパンでトマトと香草を炒めて塩・こしょうで調味する。

A

B

豚肉とえびの唐揚げ

【材料　2人分】
豚薄切り肉　200g
しょうゆ　大さじ1
酒　大さじ1
えび　200g
酒　大さじ1
ごま油　小さじ2
片栗粉　大さじ5〜6
揚げ油　適量

【作り方】
① 豚肉は3〜4cmに切り、しょうゆと酒で、えびは酒とごま油で下味をつける。
② 片栗粉をまぶして、フライパンに油を入れ、からりと揚げる。

ソースのバリエーション

市販のソースにひと手間かけて、オリジナルのソースバリエーションが楽しい食卓を演出します。

A ┌ サルサ
　└ はちみつ

B ┌ ごまだれ
　└ 青ねぎ

C ┌ スイートチリソース
　└ レモン汁

D ┌ タイカレーペースト
　├ グラニュー糖
　└ 水

4 冷凍食品や缶詰を使って

トマト味のピラフ

【材料　2人分】
無洗米　2カップ
ミックスベジタブル（冷凍）　1/2カップ
あさり缶　小1缶
トマトジュース　2缶
トマトケチャップ　大さじ1
ブイヨン　1/2カップ

【作り方】
① 全材料を混ぜて炊く。

おつまみ餃子

【材料　2人分】
さんまの蒲焼き　1缶
ねぎ（みじん切り）　少々
餃子の皮　12枚

【作り方】
① ボールにさんまの蒲焼き、ねぎを入れて混ぜる。
② 餃子の皮に①を包み、油で揚げる。

かぼちゃのごま和え

【材料　2人分】
かぼちゃ（冷凍）　5～6個
A ┌ ねりごま　大さじ1
　│ 砂糖　小さじ1
　└ しょうゆ　小さじ1
白炒りごま　少々

【作り方】
① かぼちゃを2分30秒～3分電子レンジで加熱する。
② Aを混ぜ合わせ、①にかけてごまを振る。

中華丼

【材料　1人分】

中華ミックス（冷凍）　1袋
A ┌ サラダ油　大さじ1/2
　├ 砂糖　小さじ2
　├ しょうゆ　小さじ2
　├ スープ　150cc
　└ 片栗粉　小さじ2
ごま油　少々
こしょう　少々
ご飯　1杯分

【作り方】

① フライパンに油を熱して中華ミックスを入れて炒め、Aの調味料を合わせたものを加えてひと煮立ちさせる。
② 仕上げにごま油とこしょうを加えてご飯にかける。

5 電子レンジを使いこなして

スピードクッキングには欠かせない電子レンジ。素材の特徴を活かしながら大いに活躍してもらいましょう。

ローストポークの中華風

【材料　2人分】

豚肩ロース（かたまり）　300g
A ┬ オイスターソース　大さじ1
　├ 八角　1片
　├ めんつゆ　1/2カップ
　├ しょうが（薄切り）　2～3枚
　└ ねぎ　少々
にんじん　1/2本
きゅうり　1本

【作り方】

① Aを合わせたタレに豚肉をつけておく。
② フライパンで両面に焼き色をつける。
③ 耐熱の器に②を入れ、ラップをかけずに電子レンジで5分加熱し、裏返してさらに3分加熱する。
④ にんじん、きゅうりをピーラーでスライスしてつけあわせる。

※薄切り肉なら、さっとタレにつけてレンジにかけましょう。

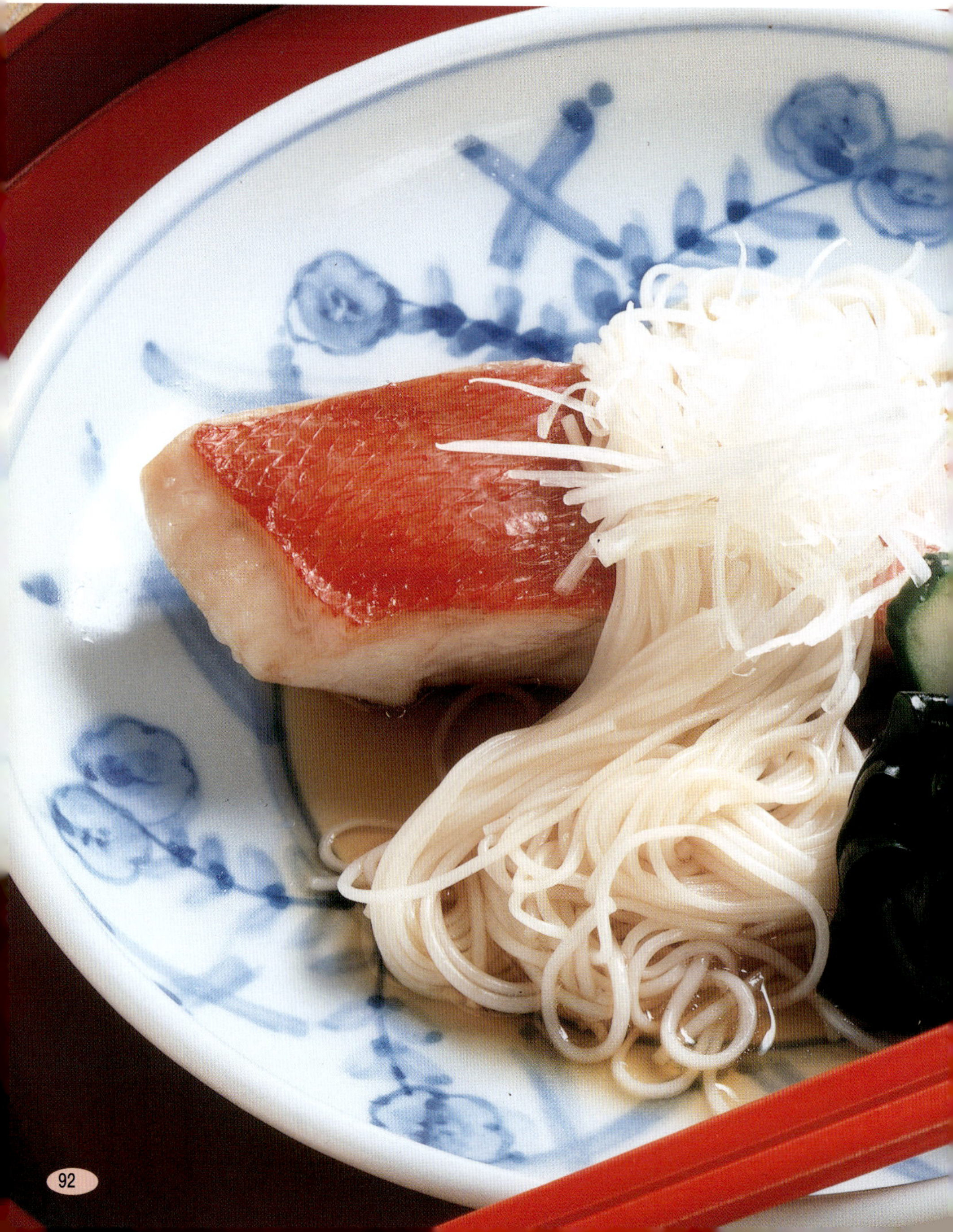

白身魚のレンジ蒸し

【材料 2人分】
白身魚 2切れ
酒 大さじ1
ねぎ 少々（薄切り）
しょうが 少々（薄切り）
そうめん 2束
ねぎ（薬味用） 少々
わかめ 20g（2〜3cm）
きゅうり 1/2本
めんつゆ 適量

【作り方】
① 器に白身魚、酒、ねぎ、しょうがをのせ、レンジで2分加熱する。
② そうめんをゆでる。
③ きゅうりは薄切り、わかめは戻して切る。
④ 皿に盛り、めんつゆをかける。

スピードクッキングに役立つ道具
電子レンジの上手な活用のポイントは加熱時間。基準としては、600Wのもので100g＝1分です。忙しいときは材料を切ってから加熱すると、よりスピードアップに効果的です。

常備しておくと便利な市販品

めんつゆ
ポン酢しょうゆ
ねりごま
冷凍かぼちゃ
シーフードミックス
ミックスベジタブル
缶詰 ┌ ツナ
　　 ├ スイートコーン
　　 ├ 豆の水煮
　　 ├ トマトの水煮
　　 └ ひじきの水煮
瓶詰なめ茸
ザーサイ

おわりに…

1 だしのとり方

● かつおだし
(一番だし／漬け汁など)

【材料】
　水　1リットル
　昆布　10cm
　かつお節　1カップ

【作り方】
①鍋に水と、きれいに拭いて切り込みを入れた昆布を入れて、10〜20分おいた後、火をつける。
②沸騰する前に昆布を取り出し、かつお節を加えてサッとひと煮したら火を止めて、そのままかつお節が沈むまでおいてこす。

(二番だし／煮物など)
①一番だしをとった昆布とかつお節に水700〜800ccを入れて弱火で煮る。
②沸騰したらひとつかみのかつお節をたして、さらに10分くらい弱火で煮てこす。

● 煮干だし

【材料】
　水　1リットル
　煮干（いりこ）　20g

【作り方】
①煮干の頭とワタをとり（太いものは割く）水につけて20〜30分おいて火にかける。
②弱火で15分くらいアクを除きながら煮てこす。

2 米のこと

● 無洗米
米を洗わずに分量の水を加えて炊くだけなので、スピード料理には便利です。ただし、水に浸けておく時間は必要です。

● 計量カップ
炊飯器についているカップは、180ccのものが多く、一般に料理で使用する1カップ200ccとは異なりますので、注意が必要です。今回のレシピはすべて1カップ200ccです。

手づくり総合教室
ホームメイド協会

「手づくり」と「食の安全と健康」をモットーに、無添加のパン作りをはじめ、ケーキ、クッキング、和菓子などの総合手づくり教室を全国で展開。
パン作りについては特許をもつ独特な製法を確立。手づくりの普及とともに、新メニューの開発にも取り組み、食生活について多彩な提案を行なっている。

監　修	灘吉利晃	<ホームメイド協会の主な講座>
スタッフ	野村秀俊	パンコース
	勝谷孝子	ケーキコース
	大村和子	和菓子コース
	松本しず子	シュガークラフトコース
	峯島貴美子	ホームクッキングコース
	堀口薫	フラワーデザインコース
	岩谷和子	工芸パンコース
	小林祐美子	ベジタブル＆フルーツカービングコース
特別顧問	中川恭子	パスタコース
		ハートフルラッピングコース
		チョコレート菓子コース
		マジパン細工コース

装丁／デザイン	㈲オフィス・カン／前田　寛
	鈴木　太朗
撮　　　影	石塚　英夫

―ササッとできて、美味しい！―
手早く作れる献立レシピ

2002年 7月5日　　第1刷発行

編　者　　ホームメイド協会
発行者　　三浦　信夫
発行所　　株式会社　素朴社
　　　　　〒150-0002　東京都渋谷区渋谷1-20-24
　　　　　電話：03(3407)9688　　FAX：03(3409)1286
　　　　　振替　00150-2-52889
印刷・製本　モリモト印刷株式会社

Ⓒ 2002 ホームメイド協会, Printed in Japan

乱丁・落丁本は、お手数ですが小社宛お送り下さい。送料小社負担にてお取替え致します。
ISBN 4-915513-66-1 C2377
価格はカバーに表示してあります。

心と体の健康のために…

ドクター・オボの こころの体操
あなたは自分が好きですか

オボクリニック院長 **於保哲外**

対人関係や社会との関わりは、自分自身をどう見るか、自分をどこまで評価できるかという「自分関係」で決まると著者は語る。「人間を診る」医療を心がけている著者のユニークな理論と療法は、こころと体を元気にしてくれる。

四六判 上製／定価：本体1,500円（税別）

ストレスも不景気も笑い飛ばして生きようやないか!!

笑いが心を癒し、病気を治すということ

関西大学教授／日本笑い学会・会長 **井上 宏**

免疫力を高め、難病まで治してくれる笑いのパワーは、人間を元気にしてくれると同時に社会の毒素をも吹き払ってくれる。閉塞感漂う現代にこそ笑いが必要だと著者は語る。

四六判／定価：本体1,300円（税別）

イラスト解説 環境ホルモンから子どもたちを守るために

これだけは知っておきたい内分泌障害性化学物質の怖さ

横浜市立大学教授 **井口泰泉** 監修　A5判／定価：本体1,300円（税別）

人間や野生生物にさまざまな悪影響を与えている化学物質から子どもたちを守るために、どの物質にどんな危険性があるのか、その影響を避けるために家庭で何ができるのかをわかりやすく解説。

がんを予防する 食品ガイドブック

栄養学と医学の上からすすめたい食材と調理

女子栄養大学教授 **五明紀春**・女子栄養大学助教授 **三浦理代**

最新の研究成果に基づき、部位別がんを予防するために、何をどう食べればよいかを解説。がん予防に役立つ食材を使った料理のレシピも豊富に収録。食生活を通してがんから体を守るための決定版。

A5判／定価：本体1,500円（税別）